Sensibilización LGTBI+: Respetar la diversidad sexual y prevenir la discriminación social y laboral de personas LGTBI+. CTRI0014

M. Ángeles Marín Martín

ic editorial

Sensibilización LGTBI+: Respetar la diversidad sexual y prevenir la discriminación social y laboral de personas LGTBI+. CTRI0014
© M. Ángeles Marín Martín

1ª Edición

© IC Editorial, 2025

Editado por: IC Editorial
c/ Cueva de Viera, 2, Local 3
Centro Negocios CADI
29200 Antequera (Málaga)
Teléfono: 952 70 60 04
Fax: 952 84 55 03
Correo electrónico: iceditorial@iceditorial.com
Internet: www.iceditorial.com

ISBN: 978-84-1184-646-2
Depósito Legal: MA 351-2025

Impresión: PODiPrint
Impreso en Andalucía – España

Nota de la editorial: IC Editorial pertenece a Innovación y Cualificación S. L.

Especialidad formativa

Se entiende por especialidad formativa la agrupación de contenidos, competencias profesionales y especificaciones técnicas que responde a un conjunto de actividades de trabajo enmarcadas en una fase del proceso de producción y con funciones afines.

Las especialidades formativas de Uso General, Formación Complementaria, Formación Modular y las especialidades formativas dirigidas a la obtención de certificados de profesionalidad se incluyen en el Fichero de Especialidades del Servicio Público de Empleo Estatal para su gestión en todo el territorio nacional por cualquier Administración competente.

Las especialidades complementarias, pertenecen todas a la Familia profesional de Formación Complementaria (FCO) y tienen la consideración de formación transversal en áreas que se consideran prioritarias tanto en el marco de la Estrategia Europea para el Empleo y del Sistema Nacional de Empleo como en las directrices establecidas por la Unión Europea. Se consideran áreas prioritarias las relativas a tecnologías de la información y la comunicación, la prevención de riesgos laborales, la sensibilización en medio ambiente, la promoción de la igualdad, la orientación profesional y aquellas otras que se establezcan por la Administración competente.

Las especialidades de Certificado de profesionalidad tienen una duración especificada en su normativa reguladora.

En el resultado de la búsqueda, se muestran las unidades de competencia, todos los módulos formativos con su duración y las unidades formativas del certificado correspondiente, con su duración. Las horas del certificado, exclusivo de las especialidades de certificado de profesionalidad, con alta igual o superior a 2008, son las horas totales más las horas del módulo de Prácticas Profesionales no Laborales.

- ◗ **Si la especialidad tiene unidades formativas,** las horas totales, presencial, distancia, teleformación serán igual a la suma de esas horas de las unidades formativas de los distintos módulos, sin que se repita ninguna Unidad formativa.

➲ **Si la especialidad no tiene unidades formativas,** las horas totales, presencial, distancia, teleformación serán igual a las sumas de esas horas de los módulos formativos, eliminando las horas de los módulos repetidos.

https://sede.sepe.gob.es/especialidadesformativas/RXBuscadorEFRED/BusquedaEspecialidades.do

(Fuente: Servicio Público de Empleo Estatal)

Índice

OBJETIVOS GENERALES

Los objetivos generales del **CTRI0014. Sensibilización LGTBI+: Respetar la diversidad sexual y prevenir la discriminación social y laboral de personas LGTBI+,** son los siguientes:

- ⮑ Reconocer las realidades que afectan a las personas LGTBI+ en el mundo laboral
- ⮑ en relación con la gestión de la desigualdad y la discriminación.
- ⮑ Conocer la realidad social y laboral de las personas LGTBI+.
- ⮑ Identificar las vías y mecanismos de prevención y gestión de la desigualdad y la discriminación contra las personas LGTBI+ en el ámbito laboral.

Sensibilización ante la realidad de las personas LGTBI+

Contenido

Objetivos

El objetivo general de esta Unidad de Aprendizaje es:

→ Conocer la realidad social y laboral de las personas LGTBI+.

Los objetivos específicos de esta Unidad de Aprendizaje son:

→ Especificar las peculiaridades de los distintos conceptos relativos a las personas LGTBI+.

→ Conceptualizar los distintos tipos de identidad existentes.

→ Relacionar la relevancia de prejuicios y estereotipos en la realidad social y laboral de las personas LGTBI+.

→ Ejemplificar los aspectos que requiere la identificación de los distintos tipos de discriminaciones por razones de orientación sexual e identidad sexual, expresión de género o características sexuales.

→ Examinar causa-efecto de las conductas delictivas contrarias a la libertad sexual y la integridad moral en el ámbito laboral.

→ Identificar diferencias y similitudes entre LGTBIfobia y transfobia.

1. Introducción

La discriminación que se ejerce en contra de las personas integrantes del colectivo LGBTI+ socava los principios de derechos humanos proclamados en la propia **Declaración Universal de Derechos Humanos.** Sin embargo, la discriminación y la violencia de que son víctimas estas personas resultan demasiado habituales en ámbitos como el social o los entornos laborales, en detrimento del respeto por las realidades de las personas LGTBI+.

En el desarrollo de esta unidad abordarás la relevancia del paradigma de la sensibilización ante la realidad que viven las personas LGTBI+. En primer lugar, abordarás la conceptualización de aquellos términos relativos con las personas LGTBI+, ya que se han retomado conceptos complejos que pasarás a analizar. En segundo lugar, te detendrás en el reconocimiento de la estigmatización y discriminación basada en la "identidad de género" que sufren las personas integrantes de este grupo vulnerable.

En este contexto, cabe resaltar cómo la Ley 3/2023, de 28 de febrero, de Empleo, que viene a configurar en España el mantenimiento y la mejora de la empleabilidad como un derecho y un deber de las personas demandantes de los servicios públicos de empleo, el propio desarrollo del «derecho al trabajo" o la libre elección de profesión u oficio. Entre los **colectivos de atención prioritaria para la política de empleo** se contempla a las personas LGTBI, en particular a las personas trans entre otros colectivos de especial vulnerabilidad.

Esta condición de *colectivo prioritario* determinará la relevancia de la toma de conciencia sobre prejuicios y estereotipos a los que tienen que hacer frente las personas LGTBI+ en el ámbito social y laboral, y garantizará la apuesta por una atención integral de la realidad de las personas LGTBI+.

Enmarcado el contexto, a lo largo de esta unidad se abordará la visibilización y sensibilización de la realizad social y laboral que rodea a las personas LGTBIQ+, desde la aproximación conceptual de aquellos términos relacionados con el colectivo y el propio reconocimiento de la estigmatización y discriminación vivida por las personas basada en su identidad de género.

Para ello no basaremos en el caso de Jimena, recién incorporada a una consultora de igualdad especializada en ayudar a empresas e instituciones a crear organizaciones diversas e igualitarias. A Jimena se le ha atribuido la tarea de ponerse al día en todo lo relacionado con la realidad de las personas LGTBIQ+ en el ámbito laboral.

2. Aproximación a conceptos relativos a las personas LGTBI+

☞ **HILO CONDUCTOR**

La primera de las cuestiones que se le plantean a Jimena es por dónde comenzar con la tarea que le han encomendado. Antes de indagar en el marco normativo o régimen jurídico que sienta las bases de la propuesta de defensa de los derechos humanos de las personas LGTBIQ+ va a ponerse al día con la terminología tan diversa que rodea al colectivo, la cual le crea confusión.

La aproximación a la realidad social y laboral de las personas LGTBIQ+ debe dar comienzo abordando la conceptualización que rodea a las propias siglas LGTBIQ+ y conceptos tales como *orientación e identidad sexual, expresión de género* o *persona trans.*

A continuación, abordarás la terminología básica que necesitarás para trabajar con el colectivo LGTBIQ+, haciendo hincapié también en las situaciones de discriminación que pueden surgir en el ámbito laboral desde la ejemplificación de los distintos tipos de discriminación existentes reconocidos legalmente.

2.1. Conceptos generales

La primera aproximación conceptual no puede ser otra que la de abordar las siglas LGTBI+, acrónimo que en otros contextos es ampliada al de LGTBIQ+.

El acrónimo LGTBIQ+ es el paraguas que engloba al colectivo compuesto por **lesbianas, gays, personas trans, bisexuales, intersexuales, *queer.*** El símbolo + incluye el resto de las orientaciones e identidades que no están representadas en las siglas anteriores. Este símbolo, representa la apertura del colectivo hacia la inclusión y la diversidad de otras vivencias de la sexualidad. ¿De dónde viene el término ***queer?*** A la filósofa estadounidense Judith Butler se la considera como la fundacional de la teoría *queer* de performatividad de género como teoría posmoderna en Estados Unidos.

SABÍAS QUE...

El Día Internacional del Orgullo Gay se celebra el 28 de junio, conmemoración de los disturbios de 1969 en un bar de Nueva York llamado *Stonewall Inn,* donde lesbianas, bisexuales, transexuales y gays se enfrentaron a la policía, revelándose así ante los continuos hostigamientos, persecución y violencia que sufría el colectivo. Movimiento de liberación del colectivo que trasmitía la defensa de la dignidad humana desde la ausencia de toda discriminación.

Sabemos que el **sexo asignado al nacer** (denominado también sexo biológico) coincidirá o no con lo que sucede dentro de ese cuerpo, con cómo se sentirá e identificará más tarde.

Por su parte, la **construcción social del género** es el punto de partida previo antes de pasar a abordar términos como el de *orientación e identidad sexual, expresión de género* o el de *discriminación* como principio informador del ordenamiento jurídico internacional, europeo y español.

 **RECUERDA**

La visión binaria del sexo y del género es una categorización occidental y lleva a la exclusión y marginación de las personas LGTBIQ+.

2.2. Conceptos relativos a la orientación e identidad sexual

En España, la **Ley 3/2007, de 22 de marzo, para la igualdad efectiva de mujeres y hombres,** establece la necesidad de fomentar la igualdad de trato y de oportunidades en el trabajo, incluyendo la **no discriminación por orientación sexual.**

Para su correcta diferenciación se definen cuatro tipologías de orientación sexual, tal como las conocemos hoy día:

- **Homosexualidad.** Capacidad de cada persona de sentir una profunda atracción emocional, afectiva y sexual por personas de su mismo género y capacidad de mantener relaciones íntimas y sexuales con estas personas. Se utiliza generalmente el término *lesbiana* para referirse a la homosexualidad femenina y *gay* para referirse a la homosexualidad masculina.
- **Heterosexualidad.** Capacidad de una persona de sentir una profunda atracción emocional, afectiva y sexual por personas de un género diferente al suyo y capacidad de mantener relaciones íntimas y sexuales con estas personas.
- **Bisexualidad.** Capacidad de una persona de sentir una profunda atracción emocional, afectiva y sexual por personas de un género diferente al suyo o también de su mismo género, así como a la capacidad de mantener relaciones íntimas y sexuales con estas personas.
- **Asexual.** Aquellas personas que no sienten atracción sexual.

Por su parte, cuando hablamos de **identidad,** hacemos referencia a una *categorización subjetiva* de la persona. En este sentido, la identidad se refiere al sentido personal que cada persona tiene sobre su propio sexo, género o una combinación de ambos o ninguno, categorización que ha venido a definirse como **autopercibida.**

 SABÍAS QUE...

Cabe distinguir entre de dos tipos de identidad:

- **Identidad sexual:** se refiere a la percepción profunda y personal que una persona tiene sobre su propio sexo. Puede corresponder o no con el sexo asignado al nacer o sexo biológico.
- **Identidad de género:** se refiere al sentido interno e individual sobre el propio género, es decir, si una persona se identifica con una identidad femenina, masculina o andrógina.

2.3. Conceptos relativos a la expresión de género

La **expresión de género** se refiere a las manifestaciones externas del género que realiza una persona. Es importante destacar que la expresión de género de una persona puede no coincidir necesariamente con el género que se le asignó al nacer o con su identidad de género.

Dentro de la expresión de género encontramos elementos como:

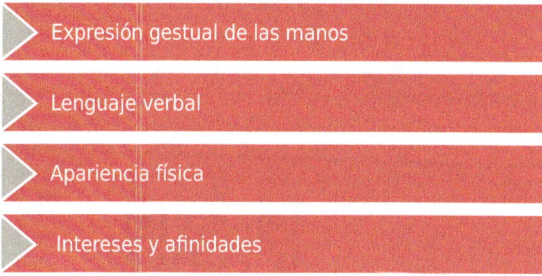

- Expresión gestual de las manos
- Lenguaje verbal
- Apariencia física
- Intereses y afinidades

2.4. Conceptos relacionados con la discriminación

El término **discriminación** hace referencia a la ocultación o trato de inferioridad que sufre una persona o un colectivo en función de sus diferencias sociales, culturales, políticas, de etnia, sexo o edad.

En el ordenamiento jurídico español se incluye la archiconocida Ley 4/2023, de 28 de febrero, para la igualdad real y efectiva de las personas trans y para la garantía de los derechos de las personas LGTBI, que se utilizará como marco de referencia para abordar la ejemplificación de los distintos tipos de discriminación existentes. Puedes averiguarlas en el siguiente esquema:

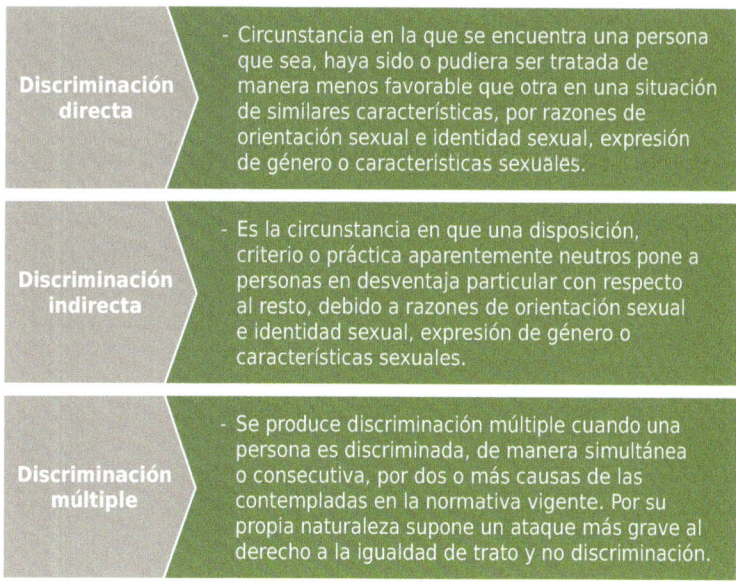

Discriminación directa	- Circunstancia en la que se encuentra una persona que sea, haya sido o pudiera ser tratada de manera menos favorable que otra en una situación de similares características, por razones de orientación sexual e identidad sexual, expresión de género o características sexuales.
Discriminación indirecta	- Es la circunstancia en que una disposición, criterio o práctica aparentemente neutros pone a personas en desventaja particular con respecto al resto, debido a razones de orientación sexual e identidad sexual, expresión de género o características sexuales.
Discriminación múltiple	- Se produce discriminación múltiple cuando una persona es discriminada, de manera simultánea o consecutiva, por dos o más causas de las contempladas en la normativa vigente. Por su propia naturaleza supone un ataque más grave al derecho a la igualdad de trato y no discriminación.

PARA SABER MÁS

Si lo deseas puedes obtener más información sobre la Ley 4/2023, de 28 de febrero, para la igualdad real y efectiva de las personas trans y para la garantía de los derechos de las personas LGTBI, accediendo desde aquí:

https://redirectoronline.com/ctri00140101

 ## APLICACIÓN PRÁCTICA

Jimena ha estado indagando sobre los distintos tipos de discriminación que establece la normativa, pero no le queda claro el tipo de discriminación que sufre una mujer transexual, colocándola en una posición más vulnerable en un entorno laboral. ¿Puedes indicarle de qué tipo de discriminación se trata?

Solución

El tipo de discriminación sufrida sería múltiple por ser una mujer y por transexual.

La discriminación múltiple la sufre aquella persona que es discriminada por al menos dos o más causas de las recogidas en la normativa.

----

3. Reconocimiento de la estigmatización y discriminación vivida por las personas basada en la identidad de género

👉 HILO CONDUCTOR

Una vez que Jimena ha abordado el concepto de discriminación y las distintas acepciones que determina la legislación vigente, quiere conocer cuáles son los comportamientos y actitudes que perpetúan en la sociedad para que se produzcan situaciones de este tipo.

- -

Las situaciones de odio y acoso que atentan contra la dignidad humana de las personas LGTBIQ+ llevan a analizar las conductas contrarias a la libertad sexual y la integridad moral en el ámbito laboral, con el objetivo de abordar la estigmatización y discriminación que sufren las personas LGTBIQ+ en este ámbito.

A continuación, abordarás las manifestaciones más conocidas: homofobia, lesbofobia, bifobia, transfobia, identificando las repercusiones negativas sobre la salud y bienestar laboral de las personas LGTBIQ+.

3.1. Estereotipos y prejuicios asociados a la identidad de género

A través del proceso de socialización aprendemos e incorporar valores y comportamiento dominantes de la sociedad en la que hemos nacido y aprendemos a comportarse acorde a las **normas,** los **estereotipos** y **roles** que se nos han ido asignando desde incluso antes de nacer.

A través de los siguientes conceptos puedes identificar la diferenciación de estos conceptos a los que venimos haciendo referencia.

- ➲ **Estereotipo.** Es el conjunto de creencias compartidas socialmente sobre las características de unas personas o grupo social.
  Los estereotipos LGTBIQ+ constituyen opiniones o imágenes convencionales negativas basadas en las orientaciones sexuales o identidades de género de estas personas.

- **Rol de género.** Está formado por las conductas y comportamientos esperados respecto a cómo ser, cómo sentir y cómo actuar según los estereotipos de género establecidos.
- **Prejuicio.** Es un juicio u opinión que se forma sin motivo real y traducido a comportamientos negativos hacia una persona o grupo de personas. Por ejemplo, enjuiciar a cualquier persona sin conocerla: "Esta persona no me inspira confianza porque es trans".

3.2. Manifestaciones de homofobia, lesbofobia, bifobia, transfobia, entre otras

Cuando hablamos del colectivo LGTBIQ+, es habitual identificar algunos términos para abordar el desprecio, hostigamiento, discriminación o violencia hacia personas que se reconocen a sí mismas como LGTBIQ+.

En este contexto, tomamos como referencia el marco normativo español con incidencia en las definiciones que viene a plasmar la mencionada **Ley 4/2023, de 28 de febrero, para la igualdad real y efectiva de las personas trans y para la garantía de los derechos de las personas LGTBI.** Averigua las definiciones de cada una de ellas para evitar posibles confusiones:

- **LGTBIfobia.** Es toda actitud, conducta o actitud rechazo, repudio, prejuicio, discriminación o intolerancia hacia las personas LGTBI por el hecho de serlo, o ser percibidas como tales.
- **Homofobia.** Es toda actitud, conducta o discurso de rechazo, repudio, prejuicio, discriminación o intolerancia hacia las personas homosexuales por el hecho de serlo, o ser percibidas como tales.
- **Transfobia.** Al igual que sucede con la homofobia, en este supuesto el grupo de incidencia son las personas trans por el hecho de serlo, o ser percibidas como tales.
- **Bifobia.** La bifobia por su parte alberga toda actitud, conducta o discurso de rechazo, repudio, prejuicio, discriminación o intolerancia hacia las personas bisexuales por el hecho de serlo, o ser percibidas como tales.

 ACTIVIDAD COMPLEMENTARIA

1. Los medios de comunicación, la publicidad o las redes sociales juegan un papel relevante en la visibilidad que tiene el colectivo LGBTQ+. Busca información en torno a la función que juegan estos medios en este cometido:

Continúa en página siguiente >>

<< Viene de página anterior

1. ¿De qué forma los medios de comunicación, la publicidad o las redes sociales contribuyen en la visibilidad y sensibilización del colectivo?
2. La presencia de la comunidad LGBTQ+ en los medios y la publicidad aumenta, pero ¿de modo desigual según las siglas de la comunidad LGTBQ+?

TAREA 1

Carla es responsable de RR. HH. en la empresa en la que trabaja y debe explicar al equipo directivo y mandos intermedios dos aspectos:

1. Diferencias ente las manifestaciones de LGTBIfobia y transfobia.
2. El tipo de conductas de acoso o violencia que pueden compartir.

¿Puedes ayudarle a definir las diferencias entre estos dos tipos de manifestaciones discriminatorias y a identificar qué tipo de conductas de acoso o violencia pueden compartir?

3.3. Consecuencias en el bienestar de las personas LGTBI+

Como en otros ámbitos de la vida, en el ámbito laboral también existen **prejuicios** y **estereotipos** hacia las personas LGTBI+. Algunas de las problemáticas que se pueden identificar, incluso el despido, podrían sor:

➲ **Entorno LGTBIfóbico.** Donde la hostilidad y el acoso están presentes hacia las personas LGTBI por el hecho de serlo, o ser percibidas como tales.
➲ **Acceso y promoción profesional.** Dificultades en los procesos de acceso o promoción profesional en el entorno empresarial por la propia discriminación hacia la diversidad sexual.
➲ **Riesgos psicosociales.** Ejemplificando, y sin ánimo excluyente ni limitativo, se relacionan algunas de los riesgos psicosociales de entornos hostigantes en las personas LGTBI+: estrés, ansiedad, temor, insomnio, baja autoestima, déficit de atención y concentración, etc.

⮕ **Conductas delictivas.** Conductas contrarias a la libertad sexual y la integridad moral en el ámbito laboral, entre las que se encuentra el *mobbing* o acoso moral sobre la persona trabajadora. Para que una situación sea considerada como tal debe perjudicar la integridad de la persona acosada, existir hostilidad y que la actuación sea continua y reiterada en el tiempo.

 **VÍDEO**

Puedes ver un vídeo donde se aborda el *mobbing* en el trabajo identificándose las acciones de hostigamiento psicológico en el puesto de trabajo, así como las consecuencias sobre las personas trabajadoras que sufren este tipo de situación. Para ello accede desde aquí:

https://redirectoronline.com/ctri00140102

4. Resumen

La visibilidad y sensibilización ante la realidad que viven las personas LGTBI+ es cada vez mayor, ya que nuestro marco social y jurídico en España ha hecho posible un cambio de visión e inclusión hacia las personas del colectivo.

La terminología relacionada con el colectivo LGTBIQ+ ha llegado para quedarse y deben empezar a integrarse en contextos sociales y laborales. Entre estos conceptos se pueden identificar:

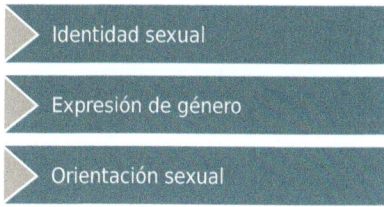

Una visión centrada en el ámbito laboral nos lleva a identificar los tipos de discriminaciones que, por razón de orientación sexual e identidad sexual, expresión de género o características sexuales, pueden sufrir las personas LGTBIQ+:

Ejercicios de autoevaluación
Unidad de Aprendizaje 1

1. La conciencia de pertenecer a un determinado sexo se denomina:

   a. Identidad asexuada
   b. Identidad de género
   c. Identidad sexual
   d. Identidad no binaria

2. Está notablemente condicionada por las expectativas sociales que las personas tienen sobre cómo se tienen que comportar los hombres y las mujeres:

   a. Identidad de género
   b. Expresión de género
   c. Características sexuales
   d. Todas las opciones son incorrectas.

3. Se trata de una construcción social cuyas características varían de cultura a cultura y se van transformando con el paso del tiempo:

   a. Expresividad de género
   b. Caracteres de género
   c. Identidad de género
   d. Género

4. La comunidad LGTBI decidió apropiarse de este insulto y usarlo como reivindicación de su identidad sexual o de género discrepante:

   a. *Queer*
   b. Quuer
   c. Yueer
   d. Quyer

5. Se puede describir como el rechazo o el odio a la no conformidad de género o a la transgresión de género:

    a. Transexual
    b. Transgénero
    c. Transfobia
    d. LGTBIfobia

6. Si se lleva a cabo una práctica aparentemente neutra y se pone a una persona en desventaja con respecto al resto, debido a razones de orientación sexual e identidad sexual, expresión de género o características sexuales, se hace a referencia a una:

    a. Discriminación directa
    b. Discriminación neutral
    c. Discriminación múltiple
    d. Discriminación indirecta

7. Para que una situación de *mobbing* sea considerada como tal deben estar presentes las siguientes peculiaridades:

    a. Perjudicar la integridad de la persona acosada, que exista hostilidad y que la actuación sea continua y reiterada.
    b. Perjudicar la integridad de la persona acosada y que sea un hecho de hostigamiento aislado.
    c. Perjudicar la integridad de la persona acosada sin daño físico o psicológico y que la actuación sea continua y reiterada.
    d. Perjudicar la integridad de la persona acosada, que no exista hostilidad y que la actuación no sea continua y reiterada.

8. _____ son la base de actitudes discriminatorias y pueden tener graves consecuencias en la convivencia social.

    a. Prejuicios y roles
    b. Prejuicios y estereotipos
    c. Pensamientos y prejuicios
    d. Estereotipos y valores

9. **Si una persona de color sufre una discriminación por ser una persona trans, estamos ante un caso de:**

   a. Discriminación múltiple
   b. Discriminación neutral
   c. Discriminación directa
   d. Discriminación indirecta

10. **Una persona que no se siente identificada con el género masculino o femenino y que construye su identidad al margen de la lógica binaria se llamada:**

    a. Transexual
    b. No binaria
    c. Transgénero
    d. *Queer*

Prevención y gestión de la desigualdad y la discriminación contra las personas LGTBI+ en el ámbito laboral

Contenido

Objetivos

El objetivo general de esta Unidad de Aprendizaje es:

→ Identificar las vías y mecanismos de prevención y gestión de la desigualdad y la discriminación contra las personas LGTBI+ en el ámbito laboral.

Los objetivos específicos de esta Unidad de Aprendizaje son:

→ Realizar una síntesis del marco normativo y régimen jurídico que ampara los derechos humanos e igualdad de las personas LGTBI.

→ Interpretar las distintas aportaciones al ámbito laboral que conlleva la Ley 4/2023, de 28 de febrero, para la igualdad real y efectiva de las personas trans y para la garantía de los derechos de las personas LGTBI.

→ Conceptuar las sanciones de conductas discriminatorias y de acoso por razón de orientación e identidad sexual, expresión de género y características sexuales.

→ Identificar la normativa española aplicable a las personas trans y las medidas de impulso para su empleabilidad.

1. Introducción

Identificar las vías y mecanismos de prevención y gestión de la desigualdad y la discriminación contra las personas LGTBI+ en el ámbito laboral implica en primer lugar, la identificación del marco normativo de referencia tanto a nivel europeo como estatal y autonómico, abordando la perspectiva jurídico-laboral de la obligación de garantizar la igualdad de trato y de oportunidades en la protección de los derechos humanos de las personas del colectivo LGTBIQ+. En segundo lugar, las premisas y requisitos necesarios para crear entornos de trabajo iguales, diversos e inclusivos, donde se analice la tutela antidiscriminatoria laboral, lo que constituye un aspecto de vital relevancia y de responsabilidad del empresariado.

Enmarcado el contexto, en esta segunda unidad abordarás el marco de referencia normativo y jurídico para la garantía de los derechos personales y laborales de las personas LGTBIQ+, desde las manifestaciones de las desigualdades y discriminaciones de la diversidad sexual hasta el favorecimiento de entornos de trabajo diversos e inclusivos, seguros y libres de discriminaciones.

2. Aproximación a la normativa relacionada directamente con las personas LGTBI+ en el ámbito laboral y otra normativa similar

👉 HILO CONDUCTOR

En la consultora en la que trabaja Jimena quieren disponer de un breve dosier donde se reflejen los principales hitos del marco normativo y el régimen jurídico relacionado con los derechos humanos fundamentales. Jimena pretende llevar a cabo el análisis que le permita hacer un recorrido desde una perspectiva internacional para, finalmente, aterrizar en el marco normativo europeo y español, y los avances logrados.

- -

Este primer apartado sienta las bases de un recorrido en torno al marco normativo y ordenamiento jurídico desde organizaciones internacionales como Naciones Unidas o la OIT, pasando por la propia UE con el Tratado de Funcionamiento de la UE, la Carta de los Derechos Fundamentales o las directrices de relevancia en la temática que nos ocupa, para finalmente centrar el interés en el ordenamiento jurídico del Estado español.

A continuación, abordarás este cometido, para finalmente detenerte en el favorecimiento de entornos de trabajos diversos e inclusivos.

2.1. Marco normativo europeo, estatal y autonómico: la Declaración universal de los Derechos Humanos, el Convenio 190 y la Recomendación 206 de la OIT

La Organización Internacional del Trabajo (OIT) se fundó en 1919. Es un organismo perteneciente a **Naciones Unidas** especializado en los asuntos relativos al trabajo y las relaciones laborales en el mundo.

Dos de los instrumentos jurídicos de la OIT que han marcado un hito respecto a la cuestión que abordarás son los siguientes:

- ⮑ **C190-Convenio sobre la violencia y el acoso, 2019.** En su articulado referente a los derechos fundamentales cabe resaltar el **artículo 6,** por el que se insta a los Estados miembros a que legislen y adopten un marco legislativo que garantice el derecho a la igualdad y a la no discriminación en el empleo y la ocupación.
  Por ejemplo, en España es la **Ley 3/2023, de 28 de febrero, de Empleo** quien delimita como colectivos de atención prioritaria "para las políticas de empleo a mujeres víctimas de violencia de género", personas en situación de exclusión social, personas gitanas, o pertenecientes a otros grupos poblacionales étnicos o religiosos, personas con discapacidad o personas LGTBI, en particular trans.
- ⮑ **R206 - Recomendación sobre la violencia y el acoso, 2019.** La R206 establece en su **disposición 13** que la referencia en torno a los grupos vulnerables y a los grupos en situación de vulnerabilidad... *debería interpretarse de conformidad con las normas internacionales del trabajo y los instrumentos internacionales sobre derechos humanos aplicables.*

PARA SABER MÁS

Puedes consultar los instrumentos jurídicos mencionados anteriormente desde aquí:

Continúa en página siguiente >>

<< Viene de página anterior

C190.- Convenio sobre la violencia y el acoso

https://redirectoronline.com/ctri00140211

R206.- Recomendación sobre la violencia y el acoso

https://redirectoronline.com/ctri00140212

Por otra parte, la Declaración Universal de los Derechos Humanos supuso un acontecimiento en la historia de los derechos humanos. Ha sido traducida a más de quinientos idiomas. Viene a decretar los derechos humanos fundamentales que deben protegerse en el mundo entero.

Su **artículo 7** recalca el derecho de todos y todas a una igual protección no solo contra toda discriminación que infrinja los derechos humanos recogidos en ella, sino que también recalca la posible provocación de llevarla a cabo.

Conmemoración del Día de los Derechos Humanos. El 10 de diciembre es la fecha en la que se conmemora la aprobación de la Declaración Universal de los Derechos Humanos.

 PARA SABER MÁS

Puedes consultar la Declaración Universal de los Derechos Humanos accediendo desde aquí:

https://redirectoronline.com/ctri00040202

2.2. Legislación y directivas europeas: Tratado de Funcionamiento de la UE, Carta de los Derechos Fundamentales de la Unión Europea, D. 2000/78/CE; D. 2006/54/CE; D. 2004/113/CE

La normativa de la UE tiene un rango de **obligatoriedad** para los reglamentos, directivas y decisiones directamente aplicables en cada Estado miembro.

En primer lugar, cabe destacar el propio **Tratado de Funcionamiento de la UE,** en concreto su **artículo 19,** que centra el foco en lo que se refiere a la no discriminación y a la posibilidad de adoptar por parte del Consejo *acciones adecuadas para luchar contra la discriminación por motivos de sexo, de origen racial o étnico, religión o convicciones, discapacidad, edad u orientación sexual.*

IMPORTANTE

El 4 de febrero de 2014, el Parlamento Europeo aprobó por amplia mayoría el Informe sobre la hoja de ruta de la UE contra la homofobia y la discriminación por motivos de orientación sexual e identidad de género, conocido también como **Informe Lunacek** (en referencia a su ponente Ulrike Lunacek), una hoja de ruta para acabar con la discriminación. Su aprobación supone un hito importante en la lucha por los derechos LGTBI en Europa y marca las líneas rectoras que deben respetar las legislaciones nacionales. Consulta más información sobre ello accediendo desde aquí:

https://redirectoronline.com/ctri00040204

Por su parte, la **Carta de los Derechos Fundamentales de la Unión Europea,** su **artículo 21,** amplía las causas de posibles discriminaciones ejercidas, haciendo mención a *características genéticas* o *pertenencia a una minoría nacional,* para añadirlas a las ya reconocidas, sexo u orientación sexual, que siguen igualmente contempladas.

⊕ PARA SABER MÁS

Si lo deseas puedes consultar la carta de los Derechos Fundamentales de la Unión Europea accediendo desde aquí:

https://redirectoronline.com/ctri00140205

A continuación, conocerás tres de las **directrices** del Consejo que promueven y protegen el disfrute de los derechos humanos por parte de las personas LGBTIQ+ en el contexto de la política exterior de la UE. La finalidad de cada una de ellas es la siguiente:

- ⮞ **Directriz 2000/78 CE del Consejo, de 27 de noviembre, relativa al establecimiento de un marco general para la igualdad de trato en el empleo y la ocupación.** Directiva de aplicación al entorno laboral, tanto al sector público como al privado, en aspectos tales como el acceso al empleo y promoción profesional, las condiciones de trabajo o la formación en el entorno laboral.
- ⮞ **Directriz 2006/54/CE del Parlamento Europeo y del Consejo, de 5 de julio de 2006, relativa a la aplicación del principio de igualdad de oportunidades e igualdad de trato entre hombres y mujeres en asuntos de empleo y ocupación (refundición).** Su finalidad es la de garantizar la aplicación del principio de igualdad de oportunidades e igualdad de trato entre hombres y mujeres en asuntos de empleo y ocupación.
- ⮞ **Directriz del Consejo 2004/113/CE, de 13 de diciembre, por la que se aplica el principio de igualdad de trato entre hombres y mujeres al acceso a bienes y servicios y su suministro.** La presente directiva se aplicará a todas las personas que suministren bienes y servicios disponibles para el público, con independencia de la persona de que se trate, tanto en lo relativo al sector público como al privado, y que se ofrezcan fuera del ámbito de la vida privada y familiar de las personas. Por Sentencia del Tribunal de Justicia (Gran Sala) de 1 de marzo de 2011 ("Test Achats"), se declara inválido el artículo 5, apartado 2, de la Directiva 2004/113/CE con efectos a 21 de diciembre de 2012).

PARA SABER MÁS

Puedes consultar cada una de las directrices comentadas en los siguientes enlaces:

Directriz 2000/78 CE del Consejo, de 27 de noviembre, relativa al establecimiento de un marco general para la igualdad de trato en el empleo y la ocupación	**Directriz 2006/54/CE del Parlamento Europeo y del Consejo, de 5 de julio de 2006, relativa a la aplicación del principio de igualdad de oportunidades e igualdad de trato entre hombres y mujeres en asuntos de empleo y ocupación (refundición)**

https://redirectoronline.com/ctri00040206

https://redirectoronline.com/ctri00040207

Directriz del Consejo 2004/113/CE, de 13 de diciembre, por la que se aplica el principio de igualdad de trato entre hombres y mujeres al acceso a bienes y servicios y su suministro

https://redirectoronline.com/ctri00040208

2.3. Legislación española estatal: Constitución española, Estatuto de los Trabajadores; Ley 15/2022, de 12 de julio, integral para la igualdad de trato y la no discriminación; Ley 4/2023, de 28 de febrero, para la igualdad real y efectiva de las personas trans y para la garantía de los derechos de las personas LGTBI

Aterrizando ya en la legislación del Estado español, la Carta Magna será el primer documento al que hacer referencia, para abordar después el Real Decreto Legislativo 2/2015, de 23 de octubre, por el que se aprueba el texto refundido de la Ley del Estatuto de los Trabajadores, y finalmente centrar la atención en dos de las leyes que han marcado un gran hito en nuestro país.

Constitución española de 1978

La **Constitución española** viene a proteger a la ciudadanía española en el ejercicio de los derechos humanos. Garantiza en su **artículo 14** el derecho fundamental a la igualdad y no discriminación por cualquier condición o circunstancia personal o social. Es importante que tengas clara la diferencia entre los siguientes conceptos:

Igualdad formal	- Es el principio de igualdad ante la ley, principio reconocido en la Declaración Universal de los Derechos Humanos o como derecho constitucional en nuestra Carta Magna de 1978.
Igualdad real y efectiva	- Se busca la aplicación real del principio "iguales ante la ley" que encontramos en el marco normativo y régimen jurídico internacional, europeo, estatal o autonómico.

Estatuto de los Trabajadores. Real Decreto Legislativo 2/2015, de 23 de octubre, por el que se aprueba el texto refundido de la Ley del Estatuto de los Trabajadores

El **Estatuto de los Trabajadores,** en su **artículo 17,** que hace referencia a la no discriminación en las relaciones laborales, proclama exigir el cumplimiento del principio de igualdad de trato y no discriminación en las relaciones laborales, dando por nulas aquellas situaciones de violencia o de discriminación directa o indirecta desfavorables a las personas trabajadoras. Entre dichas razones se contemplan:

El sexo

La orientación e identidad sexual

La expresión de género

Las características sexuales de una persona

La **disposición final decimocuarta** de la **Ley 4/2023, de 28 de febrero,** introduce modificaciones en el texto refundido de la Ley del Estatuto de los Trabajadores, apostillando que el incumplimiento de la obligación de tomar medidas de protección frente a la discriminación y la violencia dirigida a las personas LGTBI dará lugar a la *asunción de responsabilidad de las personas empleadoras.*

 PARA SABER MÁS

Si lo deseas puedes consultar el Estatuto de los Trabajadores accediendo desde aquí:

https://redirectoronline.com/ctri00140207

Ley 15/2022, de 12 de julio, integral para la igualdad de trato y la no discriminación

La Ley 15/2022, de 12 de julio, viene a justificarse como una norma de derecho antidiscriminatorio específico, dando cobertura a la existencia de discriminaciones existentes y futuras que desafíen al principio de igualdad de género, de trato y de oportunidades.

En este marco legislativo se introducen conceptos relacionados con situaciones de discriminación (directa, indirecta o múltiple) y pasan a definirse términos como acoso *discriminatorio o represalia*. Seguidamente puedes identificar las acepciones de estos dos términos:

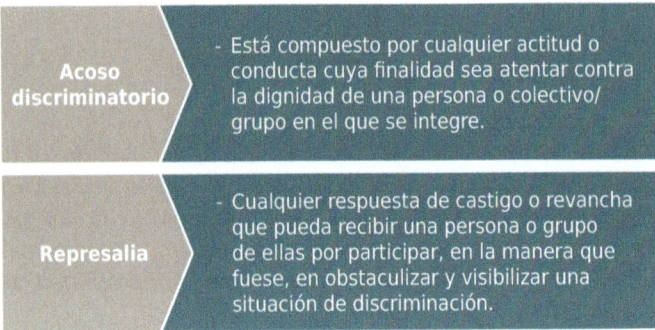

Acoso discriminatorio
- Está compuesto por cualquier actitud o conducta cuya finalidad sea atentar contra la dignidad de una persona o colectivo/grupo en el que se integre.

Represalia
- Cualquier respuesta de castigo o revancha que pueda recibir una persona o grupo de ellas por participar, en la manera que fuese, en obstaculizar y visibilizar una situación de discriminación.

Ley 4/2023, de 28 de febrero, para la igualdad real y efectiva de las personas trans y para la garantía de los derechos de las personas LGTBI

En el año 2023 salió a la luz la Ley 4/2023, de 28 de febrero, que viene a definir en España las **políticas públicas** que promoverán para la igualdad real y efectiva de las personas trans y para la garantía de los derechos de las personas LGTBI.

IMPORTANTE

Las organizaciones empresariales CEOE-CEPYME, los sindicatos CC. OO. y UGT, además del Gobierno, firmaron el 26 de junio de 2024 un acuerdo en torno al desarrollo reglamentario para garantizar la igualdad de las personas LGTBI en las empresas en España.

Posteriormente el **Real Decreto 1026/2024, de 8 de octubre, por el que se desarrolla el conjunto planificado de las medidas para la igualdad y no discriminación de las personas LGTBI en las empresas** incluye el desarrollo reglamentario para que las empresas de más de 50 personas trabajadoras diseñen un conjunto planificado de medidas y recursos para alcanzar la igualdad real y efectiva de las personas LGTBI. Junto a las medidas planificadas se deberá incluir un protocolo frente al acoso y la violencia donde se identifiquen prácticas preventivas de actuación y mecanismos de detección y de actuación.

 ## PARA SABER MÁS

Puedes consultar el Real Decreto 1026/2024, de 8 de octubre, por el que se desarrolla el conjunto planificado de las medidas para la igualdad y no discriminación de las personas LGTBI accediendo desde aquí:

https://redirectoronline.com/ctri00140216

De forma resumida, algunas claves de la Ley 4/2023, de 28 de febrero como gran hito jurídico en España son:

1
- El título II de la norma se destina en exclusividad a las medidas para la igualdad real y efectiva de las personas trans y el título III regula los mecanismos para la protección efectiva y la reparación frente a la discriminación y la violencia.

2
- La norma recalca la importancia de crear ambientes laborales inclusivos y seguros, asegurando el compromiso ético en el entorno laboral.

Continúa en página siguiente >>

<< Viene de página anterior

3

- La ley modifica el texto refundido de la **Ley de Infracciones y Sanciones en el Orden Social,** procediendo a sancionar conductas discriminatorias y de acoso por razón de orientación sexual, identidad sexual, expresión de género y características sexuales.

Es de interés conocer algunas de las aplicaciones de la ley en el ámbito laboral para que puedas identificar la utilidad práctica de la norma. Estas son las siguientes:

- **Plan LGTBI.** El plan LGTBI es obligatorio para aquellas empresas de más de 50 personas trabajadoras.
- **Protocolo frente al acoso y violencia.** Para la prevención y actuación frente al acoso y la violencia contra las personas LGTBI en el contexto laboral.
- **Negociación colectiva.** Las medidas junto al diseño del protocolo de actuación para la atención del acoso y violencia contra dichas personas serán fruto de la negociación colectiva y en la forma en la que determina el R. D. 1023/2024, de 8 de octubre.

Guía de diseño del protocolo de acoso del Instituto de las Mujeres

APLICACIÓN PRÁCTICA

Jimena recuerda que, tal como establece la Ley 4/2023, de 28 de febrero (art. 54), para el fomento del empleo de las personas trans, se deben promover líneas de actuación de la Estrategia Estatal para la inclusión social de las personas trans. ¿Sabrías identificar en qué consisten estas líneas de actuación?

Solución

En el capítulo II del Título II de la Ley 4/2023, de 28 de febrero, incluye en el **fomento del empleo de las personas trans** las medidas de acción positiva para la mejora de la empleabilidad de las personas trans y planes específicos para el fomento del empleo de este colectivo.

- -

2.4. Legislación autonómica

España cuenta con 19 leyes autonómicas para dotar de derechos y protección a las personas LGTBIQ+ y a las personas trans específicamente. Seguidamente puedas averiguar la distribución y ausencia de legislación en cada comunidad autónoma.

⊃ **Comunidades autónomas con ley LGTBI y ley trans.** Las comunidades que contemplan en su ordenamiento jurídico una ley LGTBI y una ley trans son **Andalucía, Aragón, Comunidad Valenciana** y **Madrid.**

⊃ **Comunidades autónomas con al menos una norma:**

  ◑ **Comunidades autónomas con ley LGTBI+:** Cantabria, Castilla La Mancha, Cataluña, Extremadura, Galicia, Murcia y Navarra.

  ◑ **Comunidades autónomas con ley trans:** Canarias, La Rioja y País Vasco.

⊃ **Comunidades autónomas sin marco jurídico propio.** Se incluyen Asturias y Castilla y León junto a las ciudades autónomas de Ceuta y Melilla.

3. Garantía de los derechos personales y laborales de las personas LGTBI+

👉 HILO CONDUCTOR

La propuesta de análisis de la garantía de los derechos personales y laborales de las personas LGTBIQ+ sobre la que viene trabajando Jimena la llevan a interesarse, en concreto, por la LGTBIfobia y su manifestación en los entornos laborales.

Al analizar esta manifestación discriminatoria frente a las personas LGTBIQ+ abordará la causa principal de la LGTBIfobia y sus efectos en un entorno laboral. Por último, Jimena deberá identificar las consecuencias tanto físicas como psicológicas de las agresiones LGTBIfóbicas sobre la persona que la padece.

La identificación y prevención de situaciones o contextos de una propia organización que puedan ser foco de manifestaciones discriminatorias contras las personas LGTBIQ+ son de vital relevancia para la garantía de derechos en los entornos laborales.

A continuación, abordarás la LGTBIfobia en los contextos laborales, para finalmente centrar la atención en aquellas medidas que favorezcan un entorno de trabajo diverso e inclusivo.

3.1. Manifestaciones de las desigualdades y discriminaciones de la diversidad sexual en el empleo: la LGTBIfobia en el ámbito laboral: causas, efectos y consecuencias sobre la víctima

La **Ley 4/2023, de 28 de febrero, para la igualdad real y efectiva de las personas trans y para la garantía de los derechos de las personas LGTBI** define la **LGTBIfobia** como:

Actitud, conducta o discurso de rechazo, repudio, prejuicio, discriminación o intolerancia hacia las personas LGTBI por el hecho de serlo, o ser percibidas como tales.

A continuación, puedes averiguar no solo la causa y efecto de la LGTBIfobia en el empleo, sino las consecuencias físicas y psicológicas sobre la propia persona que la padece:

Causa	- Odio y rechazo social y laboral hacia personas del colectivo LGTBI+ debido a estereotipos y prejuicios que se reproducen y perpetúan en el tiempo.
Efecto y consecuencias sobre la víctima	- Discriminaciones, acoso o violencia. Las consecuencias pueden ser físicas (cansancio, insomnio, problemas digestivos, etc.) o laboral (depresión, ansiedad, estrés o baja autoestima).

 PARA SABER MÁS

Puedes consultar la siguiente guía en la que se identifican algunas de las consecuencias de estos comportamientos LGTBIfóbicos en el ámbito laboral, así como aquellos mecanismos adoptados por las personas LGTBI+ para protegerse de ataques LGTBIfóbicos como la ocultación o la propia renuncia. Para ello accede desde aquí:

https://redirectoronline.com/ctri00140208

 **TAREA 2**

A la consultora en la que trabaja María una organización les ha pedido asesoramiento sobre cómo abordar la inclusión de las personas trans.

1. ¿Puedes ayudarle a María a identificar qué normativa aplicable tenemos en España?
2. ¿Qué medidas se pueden impulsar por las Administraciones públicas para la integración sociolaboral de las personas trans?

3.2. Acceso libre al trabajo en igualdad de condiciones, con un trato igualitario, respeto a su integridad y promoción del ejercicio de sus derechos personales y laborales

En lo que al **fomento del empleo del colectivo LGTBI y, en concreto, de las personas trans** se refiere, se apuesta por dos tipos de medios para ello. En primer lugar, **planes específicos para el colectivo** y, en segundo lugar, el diseño de **medidas de acción positiva** para la mejora de la empleabilidad de estas personas. Eso sí, la norma hace un especial inciso para detenerse en la relevancia de las necesidades específicas de las **mujeres trans.**

 **PARA SABER MÁS**

A través de la Orden TES/867/2023, de 22 de julio se crea la **Oficina Estatal de Lucha contra la Discriminación en el Organismo Estatal Inspección de Trabajo y Seguridad Social.** Se trata de la unidad responsable del impulso y coordinación de todas las acciones que se desarrollen por el Organismo Estatal Inspección de Trabajo y Seguridad Social. Puedes consultar dicha Orden accediendo desde aquí:

Continúa en página siguiente >>

<< Viene de página anterior

https://redirectoronline.com/ctri00140209

---

4. Favorecimiento de un entorno de trabajo diverso e inclusivo, seguro y libre de fobias y discriminaciones

☞ **HILO CONDUCTOR**

La consultora de igualdad en la que Jimena trabaja está especializada en ayudar a empresas e instituciones a crear organizaciones diversas e igualitarias. En lo que se refiere a la realidad de las personas LGTBIQ+ en las organizaciones, deben identificar las líneas estratégicas en las que se sustenta el marco estatal para disponer de la base sólida sobre la que plantear acciones de información, sensibilización y prevención.

El favorecimiento de entornos laborales diversos e inclusivos incluye conocer mecanismos e instrumentos de acción que apuesten por la igualdad de oportunidades y la lucha contra acciones discriminatorias.

A continuación, se analizarán las principales aportaciones que, con respecto al colectivo, incluye el III Plan Estratégico para la Igualdad de Mujeres y Hombres 2022-2025 en España. También las estrategias estatales que se prevén entre las actuaciones de los poderes públicos, las medidas de acción positiva y su aplicación, y el papel relevante de la negociación colectiva en las organizaciones.

4.1. Planes estratégicos, acciones positivas, herramientas y otras actuaciones de prevención y sensibilización

España cuenta ya con el III Plan Estratégico para la Igualdad de Mujeres y Hombres 2022-2025 como hoja de ruta del Gobierno, y por tanto de la Administración General del Estado y todos sus organismos, para desplegar las políticas de igualdad hasta 2025.

III Plan Estratégico para la Igualdad de Mujeres y Hombres 2022-2025 y estrategias estatales

El día 8 de marzo de 2022, Día Internacional de las Mujeres, el Consejo de ministros aprobó el **III Plan Estratégico para la Igualdad Efectiva de Mujeres y Hombres, en adelante PEIEMH.** Esta agenda ha sido elaborada por el Ministerio de Igualdad a través del Instituto de las Mujeres, siguiendo el mandato establecido en la LOIEMH. El III Plan Estratégico centra su atención también en el colectivo LGTBI, en concreto en las mujeres LTBI (lesbianas, trans, bisexuales e intersexuales).

 SABÍAS QUE...

Dentro del III Plan Estratégico, en la línea de trabajo DEM.6. Ciudadanía, mujeres de grupos étnicos, LTBI, jóvenes, rurales y con discapacidad: garantizando avances en el ejercicio efectivo de los derechos de todas las mujeres, se incide en avanzar hacia la igualdad real y efectiva de las mujeres LTBI.

La **Ley 4/2023, de 28 de febrero,** prevé, entre las actuaciones de los poderes públicos, la elaboración de dos tipos de estrategias estatales que debes conocer:

1	2
- Estrategia estatal para la igualdad de trato y no discriminación de las personas LGTBI, como instrumento principal de colaboración territorial para el impulso, desarrollo y coordinación de las políticas públicas y propuesta alineada con las establecidas a nivel europeo y en la línea de las recomendaciones de la primera Estrategia de Igualdad LGTBIQ 2020-2025.	- Estrategia estatal para la inclusión social de las personas trans, englobada en las líneas generales de actuación de los poderes públicos para promover la igualdad real y efectiva de las personas transexuales.

Medidas de acción positiva

En este contexto normativo no podemos dejar de hacer alusión a las denominadas **medidas de acción positiva.**

El **artículo 6** de la **Ley 15/2022, de 12 de julio, integral para la igualdad de trato y la no discriminación,** vuelve a definir el concepto y expresa que dos son las **características** que deben definir a las medidas de acción positiva:

01	02
- Su finalidad es la de prevenir, eliminar o compensar una discriminación o desventaja, debiendo estar debidamente justificadas y ser proporcionales en relación con los objetivos que se quieran conseguir, así como con los medios y recursos que se pongan en marcha.	- Son medidas de carácter temporal. Las medidas de acción positiva serán aplicables mientras exista la discriminación o compensación de desventaja por la que se pusieron en marcha.

ACTIVIDAD COMPLEMENTARIA

2. Analizando las dos leyes españolas de referencia en materia LGTBIQ+ (la Ley 15/2022, de 12 de julio, integral para la igualdad de trato y la no discriminación, y la Ley 4/2023, de 28 de febrero, para la igualdad real y efectiva de las personas trans y para la garantía de los derechos de las personas LGTBI), plantea algunas acciones (informativas, formativas o de prevención) que se puedan poner en marcha para el fomento de un entorno laboral diverso e inclusivo.

Medidas de información, sensibilización y prevención en las organizaciones

A continuación, puedes conocer algunas de las medidas de actuación para el fomento de un entorno laboral que promueva la igualdad de oportunidades y de trato en su mayor extensión:

- ⮑ **Información y sensibilización.** Realización de campañas informativas y de concienciación en el ámbito laboral.
- ⮑ **Formación.** Formación especializada destinada a responsables de RR. HH. y atracción del talento o acciones formativas sobre las conductas de acoso y violencia orientadas tanto a personas trabajadoras que deben conocer los riesgos y la forma de afrontarlos, como a la dirección de la empresa y mandos intermedios, para resolver los problemas.
- ⮑ **Prevención.** Evaluación de riesgos psicosociales que permite identificar aquellas situaciones de la organización que puedan dañar la salud de trabajadoras y trabajadores LGTBIQ+ y personas trans convirtiéndose en una herramienta útil para su prevención y diagnóstico precoz.

4.2. Prevención del acoso y las violencias hacia las personas trans en el mundo laboral

La **Organización Internacional del Trabajo** (OIT) asegura que las personas transexuales son las que sufren situaciones de discriminación laboral más severas en el empleo.

 **RECUERDA**

La transfobia comporta una manifestación de acoso en el trabajo contra las personas trans, que puede llegar a ser muy perjudicial no solo para su propia salud, sino para su seguridad en el entorno laboral.

En definitiva, debe haber un claro compromiso de la propia organización y resaltarse el papel de los **convenios colectivos** en la prevención de la transfobia en las empresas. La incorporación de cláusulas dirigidas a evitar las discriminaciones que sufren las personas transexuales es crucial reflejarlas en las "medidas planificadas" que deberán desarrollar y asumir los contenidos reflejados en el **Anexo I** del **Real Decreto 1026/2024.**

4.3. Defensa de derechos laborales de las personas LGTBI+: el papel de la RLT y la negociación colectiva

La **negociación colectiva** es un derecho fundamental, reafirmado en la declaración de la OIT relativa a los principios y derechos fundamentales en el trabajo que la organización adoptó en 1998.

 **DEFINICIÓN**

Negociación colectiva
El mecanismo de diálogo social que une a las organizaciones y a los sindicatos a través de los/as representantes de las personas trabajadoras (RLT).

La finalidad de la negociación colectiva es regular derechos y responsabilidades de las partes implicadas desde la atención a la diversidad e inclusión, ampliando así el ámbito de la protección laboral. La negociación colectiva se enfrenta a grandes desafíos en el ámbito laboral:

1
- Las medidas y planes, de obligado cumplimiento, deberán serán pactados a través de la negociación colectiva y acordados con la representación legal de las personas trabajadoras.

2
- Las organizaciones deberán iniciar el procedimiento de negociación mediante la constitución de una **comisión negociadora** (órgano integrado de forma paritaria, por representantes de la propia organización y de las personas trabajadoras).de las personas trabajadoras.

3
- Incluir propuestas en los **convenios colectivos,** como cláusulas de promoción de la diversidad y de prevención, eliminación y corrección de toda forma de discriminación de las personas LGTBIQ+, y procedimientos para dar cauce a las posibles denuncias.integrado de forma paritaria, por representantes de la propia organización y de las personas trabajadoras).de las personas trabajadoras.

5. Resumen

Un entorno laboral libre de discriminación y acoso contra las personas del colectivo LGTBIQ+ y, en particular, del colectivo trans es la hoja de ruta que deben marcarse en el ámbito laboral tanto organizaciones públicas como privadas.

El acceso libre al trabajo en igualdad de condiciones, con un trato igualitario, respeto a la integridad y promoción del ejercicio de los derechos personales y laborales, es promovido e inculcado por el marco normativo y régimen jurídico estatal y autonómico.

Los escenarios de referencia de obligado cumplimiento para las organizaciones llevan a identificar entre otros escenarios los siguientes:

Acciones o medidas de información, sensibilización y prevención en pro del fomento de entornos laborales diversos e inclusivos.

Planes LGTBI como conjunto de medidas integradoras que apuesten por la igualdad de trato y de oportunidades de las personas del colectivo y la no discriminación en los entornos laborales.

Protocolo de actuación frente al acoso y la violencia contras las personas LGTBI tal como establece el R. D. 1029/2024, de 8 de octubre.

Actuación desde el propio departamento de PRL según la evaluación de riesgos psicosociales en los entornos laborales.

El compromiso por parte de la propia organización y el trabajo conjunto con personas trabajadoras y RLT desde la base de la negociación colectiva es el escenario del discurso de la atención a la diversidad e inclusión libre de discriminación o intolerancia hacia las personas LGTBIQ+ en el empleo.

Ejercicios de autoevaluación
Unidad de Aprendizaje 2

1. La LGTBIfobia supone un riesgo psicosocial que genera:

    a. Problemas de salud.
    b. Dificultades de relación con las demás personas.
    c. Multiplicidad de consecuencias en las personas que la sufren.
    d. Todas las opciones son correctas.

2. La prevención del acoso y conductas delictivas contrarias a la libertad sexual y la integridad moral en el ámbito laboral deberá establecerse:

    a. De forma unilateral por parte de la empresa.
    b. A través de la negociación colectiva.
    c. Si se contempla en el plan de igualdad.
    d. De forma autónoma por parte de la representación de las personas trabajadoras.

3. Esta norma contempla entre las causas de discriminación prohibidas a nivel estatal la identidad sexual, la expresión de género y las propias características sexuales de la persona:

    a. Ley 15/2022, de 12 de julio, integral para la igualdad de trato en el empleo
    b. Constitución española de 1978.
    c. Ley 31/1995, de 8 de noviembre, de Prevención de Riesgos Laborales.
    d. Ley 4/2023, de 28 de febrero, para la igualdad real y efectiva de las personas trans y para la garantía de los derechos de las personas LGTBI.

4. La Ley 3/2023, de 28 de febrero, de Empleo delimita como colectivos de atención prioritaria para las políticas de empleo a:

    a. Grupo susceptible.
    b. Personas LGTBI, en particular trans.
    c. Personas sin discapacidad.
    d. Grupo normativo.

5. Las empresas deberán iniciar el procedimiento del plan LGTBI+ mediante la constitución de la comisión negociadora:

- ▪ Verdadero
- ▪ Falso

6. Las comunidades que cuentan con ley LGTBI y ley trans en su marco normativo son:

a. Andalucía, Aragón, Comunidad Valenciana y Madrid.
b. Andalucía, Aragón, Ceuta y Melilla.
c. Andalucía, Aragón, La Rioja y País Vasco.
d. Andalucía, Aragón, Asturias y Navarra.

7. Las medidas de acción positiva:

a. Tienen carácter temporal y son aplicables mientras persista la discriminación o desventaja para la que se crearon.
b. Son medidas específicas en favor de las personas para corregir situaciones patentes de desigualdad.
c. Deben estar debidamente justificadas y acordes a objetivos definidos.
d. Todas las opciones son correctas.

8. La evaluación de riesgos psicosociales que permite en la empresa identificar aquellas situaciones que puedan dañar la salud de trabajadoras y trabajadores LGTBIQ+ y personas trans será una herramienta útil:

a. Para su diagnóstico precoz desde el punto de vista de la PRL.
b. Desde el ámbito de la sensibilización del colectivo LGTBIQ+.
c. Desde el ámbito de la formación que debe impartirse en las organizaciones.
d. Desde el ámbito de los recursos humanos.

9. **El instrumento que se utilizará para llevar a cabo en las organizaciones el plan LGTBI y protocolo de actuación para la atención del acoso o la violencia contra estas personas es:**

   a. Pacto de diversidad e inclusión.
   b. Negociación colectiva.
   c. Protocolo de buenas prácticas.
   d. Medidas de acción positiva.

10. **El acoso discriminatorio puede definirse como cualquier actitud o conducta cuyo objeto sea atentar contra la dignidad de una persona o colectivo/grupo en el que se integre.**

   ■ Verdadero
   ■ Falso

Glosario

Acción positiva

Medidas de carácter temporal que se dirigen a corregir situaciones preexistentes de discriminación de un colectivo respecto al resto.

Bisexual

Persona que se siente atraída por personas de distintos géneros.

Comisión negociadora

Composición paritaria de representantes de la empresa y representación de las personas trabajadoras.

Convenio colectivo

Tal como define el Ministerio de Trabajo y Economía, es un acuerdo suscrito por la representación de las personas trabajadoras y el empresariado para fijar las condiciones de trabajo y productividad.

D&I

Diversidad e inclusión.

Diversidad sexual

Hace referencia a todas las posibilidades que tienen las personas de aceptar, manifestar y vivir su propia sexualidad.

Evaluación de riesgos psicosociales

Es una evaluación multifactorial en el entorno laboral que tiene como finalidad analizar aspectos como la propia organización del trabajo, el desempeño de funciones y tareas, las relaciones entre las personas, situaciones o contextos que puedan generar manifestaciones de discriminación, etc.

LGTBI

Siglas que designan a mujeres lesbianas, trans, bisexuales e intersexuales.

Plan LGTBIQ+

Conjunto planificado de medidas y recursos para alcanzar la igualdad real y efectiva de las personas LGTBIQ+ en las organizaciones.

Procedimiento de rectificación registral

Tramitación del procedimiento de rectificación registral de la mención del sexo de una persona en la Oficina del Registro Civil.

RLT

Representación legal de las personas trabajadoras.

Bibliografía

Monografías

→ TOOD, M.: *Orgullo: la lucha por la igualdad del movimiento LGTBI+*. Madrid: Anaya Multimedia, 2020.

> Traducido por Tapias Aparicio, M. se trata de una lectura recomendada para aquellas personas que quieren profundizar en el nacimiento del activismo LGTBI y los cincuenta años posteriores.

Textos electrónicos, bases de datos y programas informáticos

→ Confederación Sindical de CC. OO.: Actuación frente a la LGTBIfobia en el ámbito laboral

> Este documento tiene como objetivo central constituirse como un instrumento que sirva a las delegadas y delegados en su tarea de lograr centros de trabajo seguros y saludables para todas las personas trabajadoras.

→ La LGTBIfobia desde la prevención de riesgos laborales

> El objetivo central de este documento es tratar la LGTBIfobia desde el punto de vista preventivo, de forma que el cumplimiento del derecho a la igualdad de trato y no discriminación en la empresa sea una realidad.

→ Ministerio de Igualdad: III Plan Estratégico para la Igualdad Efectiva de Mujeres y Hombres

> Plan estratégico vigente que se configura como el principal instrumento del Gobierno para orientar los cambios institucionales y sociales que se requieren poner en marcha, haciendo hincapié en las mujeres LGTBI.

→ Protocolo. Prevención, detección y actuación frente al acoso discriminatorio por razón de orientación sexual, identidad de género, expresión de género y características sexuales

> Guía que sintetiza los contenidos mínimos que deben integrar los protocolos de actuación para la atención del acoso o la violencia contra las personas LGTBQ+.

Legislación y normativa

→ Real Decreto 1026/2024, de 8 de octubre, por el que se desarrolla el conjunto planificado de las medidas para la igualdad y no discriminación de las personas LGTBI en las empresas.

→ Ley 4/2023, de 28 de febrero, para la igualdad real y efectiva de las personas trans y para la garantía de los derechos de las personas LGTBI.

→ Ley 15/2022, de 12 de julio, integral para la igualdad de trato y la no discriminación.

→ Real Decreto Legislativo 5/2000, de 4 de agosto, por el que se aprueba el texto refundido de la Ley sobre Infracciones y Sanciones en el Orden Social.